Bücher, Castings & Memoiren

19 heitere Episoden aus dem
TV –und Eheleben der Lore Karpinskie

AF288389

Copyright Alice Spiecker
2009
Verlag und Herstellung:
Books on Demand GmbH, Norderstedt
ISBN NR: 978-3-8370-8695-9

Bücher, Castings & Memoiren

Über dieses Buch:

Lore Karpinskie und ihr Mann Manfred sind fernsehsüchtig und sehen sich (fast) alles an.

Vor allem Lore die als Hausfrau über viel Tagesfreizeit verfügt, hat jede Menge Zeit für Casting, Quiz – und Talkshows.

Castingshows und Bücher jeglicher Art sind ihr Lebenselixier. Nur das Samstagabendprogramm wird von den Eheleuten gemeinsam bestritten, mit zwei Ausnahmen:

Das Sportstudio und DSDS.

Lore berichtet unverdrossen über ihren TV – und Ehealltag, und somit auch aus ihrem Eheleben. Sie mokiert sich über die verschiedenen Sendungen, aber auch über ihren Gatten. Manfred wird durch das Zuviel an Fernsehen immer wieder zu fragwürdigen Streichen und Wetten animiert.

Dazu kommt, dass Lore und Manni typische Ruhrgebietler sind, die das Arbeitsleben ins Schaumburger Land verschlagen hat. Das TV – Programm ist für Lore der einzige beständige Kontakt zur Außenwelt und der WDR der letzte Bezug zur Heimat.

Bücher, Castings & Memoiren

19 heitere Episoden aus dem TV – und Ehealltag der Lore Karpinskie

Frühstücksfernsehen

Früher, als es dat Frühstücksfernsehen noch nich gab, da haben wir immer Radio angemacht. Meistens den Sender von Radio Luxemburg, dat is ja heute RTL.

Aber weil soviel passiert inne Welt, reicht so 'n Radio ja nich mehr aus, um die Leute zu informieren.

Inne heutige Zeit musste ja immer im Bilde sein. Und im Radio geht dat ja mehr um die Musik als um Information.

Wenn der Manni, welcher mein Gatte is, Frühdienst hat dann geht der um fünf aus dem Haus und auf Arbeit. Dat passt mir prima, denn um 5:30 Uhr fängt dat Morgenmagazin bei ARD und ZDF an.

Weiter geht dat dann um 6:00 Uhr aus SAT 1, und dat guck ich dann jeden Morgen.

Nur wenn mein Männe Spätdienst hat, dann sieht dat schlecht für mich aus. Dann will der Manni länger schlafen und nich gestört sein.

Frühdienst und Nachschicht passen gut in meinen Zeitplan.

Mir tut dat immer richtig leid, wenn ich inne Spätdienstwoche nich gucken kann. Denn die haben richtig gute Tipps für die

Hausfrau oder für die Gesundheit. Hab ich fast alles ausprobiert, und meistens hat dat auch geklappt. Aber eben nur meist und nich immer.

So war dat auch mit meine Blumenkästen auf der Terrasse. Da haben die vorgemacht wie sich die Kästen selbst bewässern, ohne dat man gießen muss. Dat war aber nix. Denn als dat so richtig heiß wurde sind alle meine Blumen verkümmert und verdurstet. Also ab inne Gärtnerei und neues Grünzeugs gekauft, und zwar bevor der Manni dat merkt. Die hab ich dann aber wieder selbst gegossen. Trotzdem, is schon ´ne feine Sache, dat Frühstücksfernsehen.

Im Grunde is dat so wat wie früher „Ein Kessel Buntes" aus der DDR. Einmal quer durch dat Gemüsebeet, und von jedem 'n bisscken. Is bestimmt für jeden auch wat dabei. Und dat Fernsehen hat viel Geld gespart. Die brauchen keine Hobbythek mehr oder den 7 –ten Sinn. Dat deckt alles dat Frühstücksfernsehen ab. Auch gebe die Ratschläge für Haushalt, Wellness und wat weiß ich noch für wat alles.

Bisscken Tratsch und Klatsch vonne Promis is auch immer dabei, und Nachrichten alle halbe Stunde. Und Spaß haben die am frühen Morgen schon, dat glauben'se nich.

Biste mit dem verkehrten Fuß aufgestanden, dann musste nur gucken, und dat Stimmungsbarometer steigt gleich wieder. Dat machen die mit Absicht, sacht der Manni, damit die Bevölkerung nich merkt wie schlecht uns dat wirklich geht. Solange noch lachende Gesichter siehst, fällt dat mit der Altersarmut und der Arbeitslosigkeit nich so auf. Ob dat wohl stimmt?

Egal wie, is ja besser wenn dich einer anlacht als an muffelt. Darum seh ich dat ja auch so gern. Dazu ein schönes Käffcken und mein Tag is gerettet. Und Geld hab ich auch noch gespart. Wir brauchen keine Tageszeitung mehr. Und Nachrichten inne Zeitung am Tag danach sind kalter Kaffee. Dat Fernsehen is da viel schneller und aktueller.

So war dat auch am 11 September 2001.

Erst hab ich gedacht dat die im Radio, dat hatte ich nämlich an, ein Hörspiel bringen. Bis ich mal kapiert hatte, dat dat echt is, da war dat fast schon Mittag.

Wat hätt ich bloß ohne meinen Fernseher gemacht? Auf Bilder inne Zeitung gewartet? Seitdem verzichten wir auf Tageszeitung und Radio am Morgen, dat wirklich wichtige, dat verpasst du sonst nämlich. Und dat war wirklich furchtbar, wat da in

Amerika passiert is. Sind wir doch mal ehrlich, hätten sie sich dat Chaos vorstellen können, ohne die vielen Bilder im TV?

Den ganzen Tag gab dat Sonderberichte, rund um die Uhr und auf alle Kanäle.

Und spannend war dat auch, fast besser wie Derrick oder Tatort. Wer rechnet denn auch mit so wat? Sie etwa? Also, ich nich.

Als mein Männe endlich von Arbeit kam, da wusste der von nix. Aber ich!

Durch dat frühe gucken weiß ich immer zuerst wat auf der Welt so passiert.

Da musste ganz viel Zeit haben, für dat TV – Gerät.

Aber dat hab ich ja. Mein Gatte is aus dem Haus, Kinder hab ich keine, und meine Katzen dösen im Sessel vor sich hin.

Verpassen tu ich wirklich nix. Und bei ganz dollen Ereignissen zaubern die Sonderberichte aus dem Hut.

Dabei dann `ne schöne Tasse Kaffee, und ich bin erst mal gut aufgehoben. Da hab ich keine Langeweile und inne halbe Stunde passiert viel auf unsere große Erde.

Und eins is sicher – ich will nix verpassen.

Bücher, Castings & Memoiren

Also, wat da im Moment so los is im TV und auch im Buchladen, dat is ja `ne Sache.

Wer da auf mal alles schreiben, tanzen singen und kochen kann, dat is `n Ding für sich.

Eigentlich is dat wie immer im TV, für jeden is wat dabei. Kommt nur drauf an, wat einen so interessiert. Ich find ja die Kochbücher ganz chic. Aber, ich will ja keine Namen nennen, aber einer von denen der kann wirklich kochen, und dem seine Kochbücher hab ich alle. Manchmal koch ich sogar daraus. Aber mein Männe der isst nich alles, und da kann dat schon zu Problemen kommen. Ich brauch keine Mangos und kein Rentierfleisch, hat der Manni gesacht.

`N Appel und `n Kotlett sind mir lieber, dat war dem sein Kommentar.

Jedenfalls find ich den Koch in spe richtig gut und die Gäste die der immer einladen tut geben ihre liebsten Rezepte frei und kochen dann mit dem. Später kannste dann dat Kochbuch kaufen und alles nachlesen.

Für die Bücher hat mein Manfred sogar Verständnis, denn dat is gut für die Küche. Nur einmal da hat dat richtig Knies gegeben, wegen so `n Buch dat ich gekauft hatte. Dat war dat Buch von dem Dieter Bohlen von DSDS.

Ich mag den Mann ja, vor allem dem seine Sprüche. Aber mein Männe reagiert allergisch auf den. Wieso kann ich gar nich verstehen. Jedenfalls hab ich dat viele Geld für den sein erstes Buch ausgegeben und auch gelesen. Aber ich bin nur bis zur Hälfte gekommen, dann is dat Buch aus dem Fenster geflogen, und von meiner besseren Hälfte kompostiert worden.

„ So", hat der Manni gesacht, „ jetzt is dat Teil da wo dat hingehört. Nochmal kommt mir so wat nich in dat Haus".

Und dann hat der mir doch tatsächlich verboten noch andere Bücher zu kaufen.

„Sonst gibt dat gekürztes Haushaltsgeld", hat der Manfred mir gedroht.

Nee, hab ich gesacht, dat geht nu gar nich. Bücher gehören in jedes anständige Haus, denn lesen bildet. Und dat weiß ja wohl jeder. Sogar ich.

Da bin ich dann los und hab dem Manni auch `n Buch gekauft. Eins von dem Fußballspieler der so bekannt geworden is durch sein Zeichen auf `em Platz. Und dat Buch war auch ganz groß inne Presse und wurde im TV besprochen. Komisch dat mein Manni dat Buch wieder ihn Ordnung fand. Dat hat der auch tatsächlich gelesen. Na ja wirklich wat mit Sport hatte dat nich zu tun, mehr mit dem seine verkorkste Ehe und seine Liebschaften, Mit dem sein Sport eigentlich nur indirekt. Hat den Manfred aber wirklich interessiert. Jedenfalls hat der seit dem nix mehr gegen Bücher und Memoiren, und ich hab wieder meine Ruhe.

Jetzt kann ich lesen wat ich will, und mich in Ruhe weiterbilden.

Leider gibt dat zu viele Bücher mit Lebensgeschichten, Biografien und Weisheiten von den Promis. Die kannste gar nich alle kaufen. Es sei denn, du nimmst vorher `n Kredit bei der Bank auf. Aber dat geht dann doch zu weit, find ich. Also such ich mir die raus, die mir wirklich wat beibringen können, und wat zeigen von der großen weiten Welt.

Wat ich nich schön find, wenn die Promis schmutzige Wäsche waschen über Freunde oder Ehepartner. Also, ich würd kein Buch über meinen Manni schreiben, und erzählen könnt ich genug.

Dafür schreib ich jetzt an einem Backbuch. Backen kann ichrichtig gut, dat sacht jeder der schon von meine Kuchen gekostet hat. Ich denk mir sogar eigene Rezepte aus.

Wat mir noch fehlt is mal ein Katzenkochbuch. Gibt dat denn keinen Promi der Katzen mag und für seine Tiere kocht?

Lecker Schmecker Katzenmäulchen, oder so ähnlich könnt dat doch heißen.

Immer dat Dosenfutter schmeckt auf Dauer bestimmt nich. Und ob dat überhaupt gesund is, immer nur Dosenfraß?

Meine Pussies fressen lieber frischen Fisch oder meinen selbstgebackenen Marmorkuchen.

Also Miekesch und Minka, so heißen unsere Vierbeiner, lieben mich immer dann besonders wenn Frisches in den Napf kommt. Ist fast wie mit meinem Männe.

Wenn ich dem seine Leibspeise koche, liebt der mich auch besonders innig.

Trotzdem, wenn man all die Bücher lesen wollte, dann bliebe keine Zeit mehr für dat TV – Gerät.

Können sich die Promis mal entscheiden wat ihnen lieber is?

Viel verkaufte Bücher oder `ne hohe Einschaltquote? Entweder ich lese oder ich gucke.

Beides zeitgleich, dat schaff ich einfach nich. Sie etwa? Von den Talkshows gibt dat auch zu viele. Da weißte auch nie für wat du dich entscheiden sollst. Vera am Mittag, oder doch lieber Britt? Ich hab immer die Qual der Wahl, dat is wie mit den Büchern.

Manchmal wundere ich mich dat ich dat alles im Kopp behalten kann.

Dat nennt sich Gedächtnistraining, dafür gibt dat ja auch schon Bücher, aber die brauch ich nich. Ich hab meine Programmzeitschrift zu auswendig lernen.

Dat teuerste von all dem is unsere Stromrechnung. Auf Dauer wird dat Dauergucken hübsch teuer. Und dat bei den unverschämten Energiepreisen heut zu Tage.

Aber wat soll ich machen. Ich sitz hier in der Einöde, häng tot über `n Zaun und muss die Zeit rumkriegen. Viele Möglichkeiten hab ich hier nich in Lindenhorsten.

Is nich wie vorher in Bottrop. Da war alles einfacher, zentraler und die Stromrechnung war auch nich so hoch.

Am teuersten sind meine geliebten Castingshows. Da kommt zu dem Strompreis noch die Gebühren vom Telefon. Weil, bei den Shows muss man anrufen, damit man Einfluss auf dat Ergebnis hat. Schließlich soll mein Liebling ja gewinnen. Und gewinnen kannste da auch wat, meist 'n Auto, und dat könnt ich wirklich gut gebrauchen, hier auf dem platten Land. Aber bis jetzt hat dat leider nich geklappt. Dann könnt ich hier mal weg aus dem Kaff, und nach Bottrop zu Tante Irmchen fahren, oder so.

Ach wat war dat früher einfach. Wenne 'n Buch lesen wolltest biste in die Stadtbücherei, und im TV gab dat nur drei Programme, und um Mitternacht war Schluss mit lustig. Freitagabend gab dat den Krimi, Samstagabend die große Familienshow, und Sonntagnachmittag Kinderprogramm für die Kleinsten.

Da war auch für jeden wat dabei, und gekostet hat dat fast gar nix.

Ich frag mich sowieso, wat is bloß los in deutschen Landen?

Ob dat alles noch so richtig is?

Zu viele Bücher, zu viel TV, und alles is viel zu teuer geworden.

Aber mich, mich fragt ja keiner.

Teleshopping

Heut is wat passiert, dat glauben sie nich. Ich hab gedacht dat kann gar nich sein.

Schellt dat an meiner Tür, und der Postbote bringt mir 'n riesen Paket mit Nachnahme. Und die war nich ohne, die Nachnahme mein ich. Soviel Geld hatte ich gar nich im Haus.

Adressiert war dat Paket an mein Gatten, der war aber auf Arbeit. Gesacht hatte der mir auch nix von dem Paket oder so.

Ich also ab in dat Dorf auf die Kasse, dat geholt und dann zur Postselle. Wobei, 'ne richtige Post gibt dat in Lindenhorsten ja nich mehr. Nur noch so 'n Shop inne Bäckerei. Ich also dat Paket abgeholt und nach Hause geschleppt. Mann, war dat schwer. Als wenn Backsteine drin sind.

Und ich hat 'ne Wut im Bauch auf den Manfred. Erst sacht der mir nix von dat Paket, und dann muss ich dat Trum nach Hause schleppen.

Bloß der Absender, der kam mir gar nich bekannt vor. HKSM Company, wat immer dat sein mag.

Aufmachen wollt ich dat Paket lieber nich, dat hätt sonst wieder Radau gegeben, von wegen dem Postgeheimnis. Da is der Manni ganz eigen. Überall darf ich ran, nur nich an seine Post. Drum musste ich auch warten bis der endlich nach Hause kommt. Da der aber Spätdienst hatte, dauerte dat ja bis inne Nacht. Und wat passiert? Sacht der nich mal Guten Abend, schnappt sich dat Paket und zieht damit ab innen Keller.

Und ganz gegen seine Gewohnheit, gab der mir doch ohne zu murren dat ganze Geld für die Nachnahme wieder. 278,53 Euro hat dat gekostet, und der hat nich mal gemeckert. Dat musste ich nämlich von mein Haushaltsgeld vorstrecken.

Und dann, dat war zu merkwürdig, nich mal Hunger hatte der. Essen wollt der Manni auch nix, nee, bloß schnell innen Keller.

Jetzt wollt ich aber auch wissen wat in dem Paket drin is.

Ich also die Treppe runter und hinterher.

Und wat sach ich ihnen, hat der Mensch doch die Kellertür abgeschlossen. Also, Dinge kannste mit dem Mann erleben.

Hab ich eben allein inne Stube gesessen und mir mein TV – Programm angeguckt.

Stunden später kommt der wieder an dat Tageslicht zurück, und sacht dat er Hunger hat. Da war ich dat aber leid. Erst die Geheimnistuerei, und dann soll ich mitten inne Nacht mich an den Herd stellen? Nee, bestimmt nich.

„Dat kannste dir selber warm machen, ich geh jetzt in dat Bett", hab ich gesacht. Und dann bin ich lieber in dat Schlafgemach gegangen.

Aber glauben `se nich dat an Schlaf zu denken war. Immerzu raschelte und klapperte dat im Haus. Wat treibt der Mann da bloß, hab ich mich gefracht.

Irgendwann kam der dann doch wieder rauf, is in dat Bett gefallen und sofort eingeschlafen. Bei mir war an Schlaf nich zu denken, so aufgeregt war ich über dat Verhalten von meinen Gatten.

Hab ich also gewartet bis dat Geschnarche losging, und bin dann heimlich in den Keller runter.

Ich hab ja den ganzen Tag lang gedacht, da is neues Werkzeug drin für seine Basteleien, schon weil dat Paket so schwer war.

Aber als ich dann die Kellertür aufmach, bin ich vor Schreck fast umgefallen.

Da liegen auf der Werkzeugbank erotische Artikel, fein säuberlich ausgebreitet und gestapelt. Zum Teil schon hübsch eingepackt, und dat mit meinem Geschenkpapier. Dat hat also so geraschelt. Wat soll dat denn? Und überhaupt – seit wann kann der Manni Geschenke verpacken? Dat sind ja ganz neue Methoden. Na ja, jedenfalls hab ich überwunden und mir die Spielzeuge mal genauer betrachtet. Ich wundere mich ja bei dem Mann über fast gar nix mehr, aber dat hier? Und wat is überhaupt so teuer an dem ganzen Kram? Vielleicht sind dat die vielen Batterien, die dollen Spitzckenhöschen, oder doch die Hochglanz Magazine?

Die Höschen waren ja wirklich schön, der Rest war aus Plastik und muffelte auch so.

Na gut, nun wusste ich zwar wat in dem Paket is, aber wat hatte dat alles zu bedeuten? Ich also in unser Ehegemach und den Manni geweckt.

„Manni, wat willste mit all dem komischen Zeugs im Keller? Und wo kommt dat überhaupt her", hab ich gefracht.

„Aussem Fernseher", antwortet der und pennt weiter. Ich den wieder wachgerüttelt.

„Woher", hab ich nachgefracht.

„Aussem Teleshopping", antwortet mein Gatte total verpeilt. „ So wat kannste ganz bequem im Teleshopping bestellen, meistens nachts und dann zum Sonderpreis. Ganze Sortiment inklusive Magazine und Bücher für dat Liebesleben".

Jetzt bin ich aber richtig sauer und will dat ganz genau wisse. Den bisher hatten wir keinen Sender für dat Teleshopping programmiert. Wozu auch? Alles wat wir brauchen kriegen wir inne Geschäfte. Da seh ich wat ich inne Hand hab und kauf keine faulen Eier. Bisher waren wir uns darüber auch ganz einig.

Einkaufen über den Äther verfehlt ja wohl den Zweck. Der Kasten soll uns unterhalten und nich dat Geld aus der Tasche ziehen.

„Hast ja recht", gibt der Manfred zu, „den Sender hab ich auch schon wieder gelöscht. Dat war nur `ne Ausnahme. Und für mich is dat Paket eigentlich auch nich, sondern für den Erwin und seine Doris. Als Überraschung zur Hochzeit. Der Erwin hat sich dat von seine Kollegen gewünscht."

Dat wird ja immer besser, wat sind dat denn für Hochzeitsgeschenke? Kein Wunder dat Deutschland in Schutt und Asche liegt, und dat immer weiter abwärts geht. Keine Bildung, keine Moral, und Geld regiert die Welt.

Aber jetzt soll mir der Mann erst mal erklären, auf welchem Kanal dat Teleshopping läuft.

„Ganz einfach", erklärt der mir, „jede Nacht laufen parallel drei verschieden Shopping-sender, und manches Mal sind richtig gute Sachen dabei. Und dat Beste: alles zum Sonderpreis".

Da war ich baff. Dat wusste ja nich mal ich, dat dat gleich drei Sender gibt. Woher weiß der Manfred dat bloß?

„Ja weißte", sacht der „ wenn du nachts schläfst kann ich gucken wat ich will. Und wenn ich vonne Spätschicht komm dann guck ich mir so wat an. Aber bestellt hab ich noch nie wat, immer nur geguckt."

Da war ich dann doch wieder beruhigt, denn angelogen hat mich der Manni noch nie.

Hätt mich auch gewundert wenn der auf-mal Sexspielzeug braucht.

Dafür hatte ich dann `n anderes Problem. Nämlich die Spitzenhöschen. Die haben mir so gut gefallen, dat ich auch gern wel-che davon hätt.

Wie mach ich dat meinem Gatten klar, wat ich aus `em Teleshopping gerne haben möchte.

Aber ich weiß schon. Is ja mitten inne Nacht, mein Männe schläft und Teleshop-ping fängt bald an. Und die Post?

Die Post nehm sowie immer ich an.

Neue Modelle

Manche Dinge sind wie Weihnachten, die kommen jedes Jahr wieder. Dagegen kann man nix machen. Auch nicht gegen dat blonde, deutsche Supermodell.

Die hat vielleicht Karriere gemacht. Und egal welchen Kanal du anmachst, einmal am Tag läuft die dir bestimmt über den Weg. Da kommste nich dran vorbei. Entweder macht die Werbung, oder die sucht neue Modelle. Irgendwie kommt man um die Person nich mehr herum, ob willst oder nich.

Also, ich will nich, aber mein Manfred, der will.

Mein Manni find die nämlich richtig klasse. Meistens bestimm ich ja wat wir und ansehen, aber bei der Modellsuche und beim Sport, da hat der sich ja durchgesetzt.

Mein Gatte will dat unbedingt sehen. Ich weiß nich wieso. Mir wird der ihr Konterfei langsam zu viel, richtig auf den Nerv geht mir dat schon. Ich kauf der ihre Produkte auch nich mehr, egal wat dat is.

Aber wat der Manni daran findet, dat is mir schleierhaft.

Deutschland sucht den Superstar oder Dat Supertalent, dat seh ich gern. Da hat man wenigstens wat davon. Lauter nette Jungs mit ´ner guten Stimme, oder andere Talente.

Nee, dat sind Jungs und auch Mädels, die zeigen müssen wat `se wirklich können. Nich bloß durch die jeten und sich verkleiden. Ich möchte nich wissen wie die dollen Modelle aussehen, wenn `se mal nich so aufgetackelt sind. Bestimmt erkennt die dann keiner mehr wieder.

Hab ich den Manfred gefracht warum der die Modelle unbedingt sehen muss.

„Dat verstehste nich", hat der da zu mir gesacht", dat is `n ganz harter Job bei dem wat die alles so machen müssen".

Da lachen ja die Hühner. Als wenn der Manni wüsste wat so `n Top Modell alles zu tun hat. Der Geht ja schon laufen wenn er an Weihnachten Schlipps und Kragen anlegen muss.

Und fotografieren lässt der sich auch nich, dann hau der immer ab unter `n Tisch.

„Fotokameras machen mich klaustrophobisch", hat der zu mir gesacht. Kann mir mal einer sagen wat dat is, klaustrophobisch?

Ich glaub dat weiß der selber nich, genauso wenig wie der weiß wat Modell sein bedeutet.

Ich glaub ja der guckt dat nur wegen die hübschen Mädchen. Beweisen kann ihm dat ja nich, aber soll er seinen Spaß haben. So kann ich dann DSDS in Ruhe gucken, obwohl ihm dat nicht passt. Wegen dem Dieter Bohlen. Mein Gatte kann den ja nich leiden, schon wegen der guten Sprüche. Aber ich find ja, der Mann hat wat, nich direkt Charme oder Aura oder so wat. Nee, irgendwat dazwischen. Und ehrlich is der ja auch immer, da kannste sagen wat du willst. Und dat gefällt mir. Und dat Beste is, verstehen kann man den auch noch. Der benutzt noch die deutsche Sprache, dat is ja schließlich auch wat wert. Nich so wie die Modelle, die kreuz und Quer durch die Geografie reisen.

Dat schlimmste is, dat die in der Sendung bei dem Suchen immer so tun als seien dat alles dicke Freunde.

Aber die tun nur so, und nur nach vorne. Nach hinten hauen `se sich die Messer in den Balg. Und dat rumzanken vor laufender Kamera, finden sie dat schön? Ich nich.

Mir kommt dat so verlogen vor. Nur der eine Typ, den fand ich richtig gut. Aber Gott sei Dank is der jetzt nich dabei.

Der hat jetzt wat besseres zu tun, und hilft dem Dieter Bohlen bei seinen Supertalenten. Dat hat mich gefreut.

Sach ich doch schon lange, der Mann hat Geschmack, und weiß noch wat gut is für dat deutsche Fernsehen.

Am meisten freut mich, dat die vielen Castingshows nich alle auf einmal gezeigt wer, sondern immer hübsch nach einander.

Denn, in der Zeit wo der Manni dat TV – Gerät für seine Modellsuche braucht, da kann ich in Ruhe lesen. Und kommt dann

endlich wat für mich, dann geht der Manni
freiwillig in den Keller.

Heimwerken nennt der dat, ich nenn dat
saufen. Hinterher is der Kasten Bier fast
leer.

Kommt der dann wieder aus der Versen-
kung hoch, dann fällt wie `n Klotz in dat
Bett.

Deshalb weiß manchmal nich wat mir lieber wäre.

Fernsehen mit oder ohne Casting.

Comedy Search

Jetzt frach ich sie doch mal.

Wat halten sie denn von der neuen deutschen Komödianten Welle in Deutschland? Mit meiner besseren Hälfte kann ich darüber nich reden. Dat is für den Manni `n richtig rotes Tuch.

Erst wussten wir überhaupt nich wat dat is – Comedy.

Dat hätten die ja auch auf Deutsch sagen können, damit auch wirklich jeder versteht.

Dat sind doch alles Komiker, oder solche die sich dafür halten.

Also `n paar sind dabei die sind wirklich zu komisch. Die können die Leute unterhalten und sogar zum Lachen bringen.

Einige können dat, andere können dat nich.

Dat is wie mit dem Singen bei DSDS.

Aber scheinbar haben wir nich mehr genug Komiker, drum werden jetzt immer neue gesucht. Bei der Weltwirtschaftskrise die wir nun haben, da wundert mich dat nich. Lachen is schließlich gesund, und wenn schon keine Arbeit und kein Geld mehr haben, dann wenigstens Gesundheit. Dann spart die Regierung auch gleich wieder. Ich glaub ja, dat Comedy Search mit in die Gesundheitsrcform gehört. Schön verpackt damit die Bürger nich merken dat ˋse sich gesund lachen solln.

Dat sach nich ich, dat sacht mein Göttergatte.

Ich mein ja wir haben genug Komiker, dat reicht für alle Bürger. Den Heinz Erhardt, den Peter Frankenfeld und den Dieter Krebs.

Dat Pech is, dat die nich mehr unter den Lebenden verweilen, und damit dat Handwerk nich ausstirbt, werden nun ständig Neue gesucht. Die neuen Komiker kannste aber nich mit den Alten vergleichen, dat is ˋne andere Art von Humor. Die neuen sind so oft so rüde und unter der Gürtellinie. Ob dat wirklich wat mit Humor zu tun hat, wenn ˋse sich auf Kosten anderer lustig machen. Früher hieß dat Schadenfreude, heute nennen ˋse dat Comedy. Dat is ja jetzt ganz groß in Mode, sich auf Kosten anderer ˋne goldene Näse zu verdienen. Und nich nur bei den Komödianten, nee, auch bei den Banken und Managern, Hauptsache dat Eigene Konto is gefüllt. Dat wie spielt keine Rolle mehr.

Hab ich unseren Nachbarsjungen Karim gefragt, wat so lustig is an der Comedy?

(Wat is dat überhaupt für `n Name - Karim?)

Da sacht der Bengel doch zu mir:

„ Tante Lore dat kannste nich verstehen, dafür biste schon zu alt. Wir Kids von heute brauchen neuen Input und neue Challenge, und alles on the Top."

Also, mir sind fast die Ohren weggeflogen. Wat brauchen die Kinder?

Challenge und Input? Kann mir ma einer sagen wat dat wieder is?

Und ich mit meine 44 Lenze, ich bin doch noch nich alt. Nich mehr ganz neu, aber der Sonntag is noch nich runter.

Geht dat Lachen jetzt auch schon in Vorruhestand?

Hoffentlich ziehen `se da nich auch noch wat ab, dann haben die Alten gar nix mehr zu lachen. Kein Wunder dat die Altersarmut weiter wächst.

Über wen ich lachen kann, dat sind die Leute die wie ich aus `em Pott kommen.

Die Amelie Hülschrath, den Dr. Stratmann oder Hape Kerkeling. Deren Humor versteh ich immer und sofort.

Die Hülschrath aus „Zimmer frei" kann ich richtig gut verstehen. Die hat ganz ähnliche Probleme wie ich. Wo `se doch auch keine Kinder hat und Ärger mit ihrem

Hund Helmut. Mit der ihren Hund is dat wie mit meine Katzen.

Wat mir auch immer gefallen hat, dat waren die sieben Köppe mit dem Jochen Busse. Schade dat die Sendung nich mehr existiert. Dat war auch lustig.

Mann, hab ich mich mit dem TV – Gerät schon amüsiert. Über den Loriot, den Rudi Carrell, und viele andere mehr. Dat waren Leute die konnten einen so richtig zum Lachen bringen. Situationskomik, nennt man dat wohl. Und alle sind `se heute Kult.

Vielleicht hat Humor doch wat mit Alter zu tun? Muss ich mal drüber nachdenken.

Jedenfalls mit Comedy Search und wat damit verbunden is, damit kann ich nix anfangen.

Wat soll denn daran lustig oder schön sein, wenn dir so `ne alte Fregatte ihr hinterstes Teil zeigt? Dat ärgste war, da hat die `n ähnlichen Namen wie ich. Dat hat mich geärgert. Nur ich heiß in echt so, und für is dat `n Künstlername. Haben die neuen Komiker denn vor nix mehr Respekt? Nich mal mehr vor rechtschaffende Leute?

Und wat is dat für `n Publikum die sich dat angucken mögen?

Ich kapier dat all nich mehr. Nee, dat muss ich mir nich antun.

Da seh ich mir lieber die alten Sketche von dem Dieter Krebs und Iris Berben an. Gott sein Dank wird dat oft genug wiederholt.

Und von dem neuen Humor, da lass ich lieber die Finger. Da haste man ja schon `n faden Geschmack im Mund beim daran denken.

Oder so `n Schmierlapp, mit `nem dicken Bierbauch, der die Augen kullern lässt?

Nee, danke auch. Die neue Comedy find ich nur bäh!

Sollen die alleine searchen – aber ohne mich.

Movie Tip

Vor `n Paar Jahren wusste noch kein Mensch wat dat is, `n Movie Tip. Dat is auch wieder so wat Neudeutsches, und eigentlich gar nich Deutsch. Nee, dat is mehr Englisch oder Amerikanisch.

Movie heißt nix anderes als Spielfilm.

Warum sagen die dat nich auch so? Schließlich haben wir unsere eigene Sprache, mit oder ohne Dialekt.

Aber Deutsch sprechen is wohl aus der Mode gekommen.

Movie Tip, dat hab ich zum ersten Mal auf ´ner TV – Zeitschrift gesehen, und im Innenteil gab dat dann ganz viel davon. Von den Spielfilmtipps, mein ich.

Da vergeben `se dann Sternchen oder auch Pfeile, und dann weißte wat du zu gucken hast. Manchmal sehn ich mich richtig nach die alten Programmhefte zurück, und nach dem Fernsehen wie dat früher war.

Da gab dat nur drei Programme, und dafür reichte dann auch ein ganz dünnes Heft für die Voranzeigen. Dat Programm passte ganz in die „Bäckerblume" oder auch in dat Metzger Wochenblatt. Und zusätzlich gekostet hat dat auch nix. Dat gab dat immer für umsonst, wenn `e dein Fleisch oder dein Brot gekauft hast.

Heute haste ja die Qual der Wahl, beim TV – Sender und auch bei dem Programmheft. Und wat du alles gucken sollst. Dat geht gar nich, denn dafür braucht man soviel Zeit, dat keine Zeit mehr übrig bleibt für die wichtigen Sendungen wie DSDS oder Brisant. Oder für die Wetterkarte.

Und bei den Movie Titeln fängt dat Dilemma ja schon an. Da kommt so ´n Film daher mit ganz viele Sternchen und heißt dann „Ghost", „ Basic Instinkt" oder „Stargate". Wie soll ich da entscheiden wat ich gucken will? Ich versteh ja nich mal mehr den Titel. Da nutzen mir die Sterne auch nix. Ich sprech keine fremde Sprache, auch kein Englisch oder Amerikanisch.

„Witwer mit fünf Töchtern" oder auch „Mädchenjahre einer Königin", darunter konnte sich jeder wat vorstellen. Im Grunde sachte der Titel alles über die Geschichte. Oder können sie sich noch an „Drei Mann in einem Boot" erinnern? Nee, macht nix. Versteht sofort jeder um wat dat in dem Film geht. Drei Mann sitzen in einem Boot, gehen segeln und vermutlich baden, Denn Boote haben immer wat mit Wasser zu tun. Oder? Is doch ganz einfach.

Muss dat immer so wat exotisches sein?
„Ghost" heißt Geist, und unter Geister kann ich mir wieder wat vorstellen. Genauso war dat auch mit „Pretty Woman".
Warum sagen die Filmfritzen nich einfach Schöne Frau, 'ne schöne Frau kennt jeder.
Um zu erfahren wat Ghost und Pretty Woman heißt, musste ich wieder mal den Karim von neben an fragen. Ich komm mir immer ungebildet vor, wenn ich dat Jüngelchen bemühen muss. Der lacht doch schon über mich, der Pieffke.
Mein Manni weiß dat mit der fremden Sprache nämlich auch nicht, und mein Gatte weiß wirklich viel.
Drum lass ich dat jetzt auch wieder sein, dat mit den Movie Tipps. Guck ich stattdessen Tatort oder Wetten Das…, da weiß ich wenigstens um wat dat geht.
Im Moment versuch ich ja meinen Gatten zu bereden dat wir Premiere ins Haus kriegen. Da kannste nämlich auf einem Kanal den ganzen Filme gucken, aber alte Filme die noch jeder versteht. Die zeigen so Sachen wie „Sissi", „Die Mädels vom Immenhof", oder auch so schöne Sachen wie „Ein Herz und eine Krone". Dat möchte ich sehen, und kein „Matrix" oder „Batman", wat immer dat auch sein mag.

Noch hab ich den Manni ja noch davon überzeugt, von Premiere, und dat wir dat wirklich brauchen. Aber ich hab mich schon mal schlau gemacht, hier im Ort bei Elektro Hinzen. Der olle Hinzen hat gesacht, damit kannste nich nur Filme rund um die Uhr sehen, sondern auch Sport. Und dat is wat für meinen Manfred. Dat meiste im Sport kommt dann sogar lebend in dat Haus, live heißt dat glaub ich.

Früher bei der Eurovision haben ´se immer Direktübertragung gesacht. Aber dat is auch so ´n Wort, dat benutzt heute keiner mehr im TV.

Wat is nur aus unserer Sprache geworden? Da sind sich mein Männe und ich mal wieder einig. Wat Deutsch is soll auch Deutsch bleiben, wenigstens die Sprache.

Na, vielleicht werden wir uns über dat Premiere Programm auch noch einig.

Ich weiß schon wie ich dat mach, dat der Manfred ja sacht.

Der arme Mann kommt nur so selten auf Schalke, weil der Weg jetzt so weit is, hier von Lindenhorsten nach Gelsenkirchen. Und mit Premiere kann der dann sein Fußball zu Hause angucken. Und Fußball und Sport zieht bei meinem Gatten immer.

So mach ich dat, dann klappt dat auch mit meinem Spielfilmkanal.

Wat ich auch nich verstehen kann, wir haben doch gute Filme und Schauspieler in Deutschland, warum zeigen die Im TV nich mehr davon?

Aber die Schauspieler wollen ja alle über `n großen Teich und ab nach Hollywood. Automatisch haben dann die Filme auch Amerikanische Titel, und hier versteht dat keiner mehr.

Dat weiß ich, weil ich so `n Artikel inne Presse gelesen hab, über einen Film der in Berlin gedreht wurde. „Flight Plan" hieß der, glaub ich. So stand dat auch inne Zeitschrift. Wat „Flight Plan" heißt weiß ich immer noch nich, war mir zu dumm wieder den Karim zu fragen.

Leider hat Lindenhorsten kein Kino, auch dat war in Bottrop besser. Wenn ich wat nich verstanden hab, dann bin ich in die Lichtburg und hab an der Kinokasse gefracht. Meistens konnten die mir helfen.

Wenn ich auch nie in dat Kino gegangen bin, ich war immer auf dem Laufenden mit den Titeln. So einfach kann dat sein.

Und heute? Da musste extra 3 TV - Zeitschriften haben um deine Filmauswahl machen zu können. Einmal für die Sternchen, einmal für die Pfeile, und einmal für dat Bezahlfernsehen.

Ich glaub ich bestell dat Premiere einfach und fackel gar nich mehr lange rum.

Vielleicht gibt dat erst `n bisscken Krach inne Bude, aber dat geht wieder vorbei.

Und ich spar in Zukunft dat viele Geld für die TV – Zeitschriften.

Davon kann ich dann dat Premiere bezahlen.

Und Movie Tipps brauch ich dann auch keine mehr.

Ich mach mir dann mein eigenes Programm, mit eigenen Tipps.

Top Ztar

Dat hier wird `n ganz kurzes Kapitel.

Weil ich nämlich auch rein gar nix von dem verstehen konnte, wat ich da gesehen hab.

Ich hab ja schon mal gesacht, dat ich keine Fremdsprachen beherrsche, leider auch nicht Türkisch. Obwohl, manchmal könnt ich dat Türkisch ganz gut gebrauchen. Nämlich immer dann, wenn ich mal wieder in den Ruhrpott komm. Ich glaub dat lern ich irgendwann noch, dann versteh ich auch über wat sich die türkischen Mitbürger im Bus oder inne S-Bahn unterhalten.

Wie ich nun da wieder drauf komm? Also, eines Tages zapp ich mich durch alle Kanäle und wat soll ich ihnen sagen da

Find ich dat Türkische Programm. TRT heißt dat, glaub ich.

Und wat zeigen die gerade? DSDS in Türkisch. Top Ztar heißt dat bei denen. Dat schreibt sich wirklich so, hab ich mir extra aufgeschrieben. Schon damit mein Männe mir dat glaubt, und damit ich dat nich wieder vergess.

Jedenfalls hab ich dat per Zufall gefunden, und dann auch `n bisscken geguckt.

Wat die da geredet haben, keine Ahnung. Jedenfalls haben die nur Türkisch gesprochen, nix war mit Englisch oder Amerikanisch. Dat nenn ich Stolz auf die eigene Sprache. Verstehen konnte ich zwar nix, aber interessant war dat trotzdem.

Dat Problem war, auch die Musik war türkisch, und dat kann ich nich lange hören. Davon tun mir die Ohren weh. Die haben so komische Instrumente. Hört sich alles an wie Bauchtanz. Dat hab ich schon mal in Bottrop gesehen, beim Stadtfest auf `de Hauptbühne. Die Musik war genau die Selbe.

Haben die nich mehr Töne? Dat is aber langweilig, keinen Schmiss inne Musik und zum normalen tanzen is dat auch nix.

Da wo ich jetzt wohn, da gibt dat kaum Türken, mehr Chinesen. Aber die siehste und hörste nich. Nur wenn `se mit ihre Fahrräder über die Dörfer flitzen. Dat is fast wie in China, sacht der Manni. Da fahren `se auch alle mit dem Rad. Aber `n Chinesischen TV – Sender, den hab ich noch nicht gefunden, und wat hab ich gesucht. DSDS oder Top Ztar scheinen die noch nich zu kennen.

Is ja auch weit, von China bis in dat Schaumburger Land.

55 Stück

Schlagen `se Mal ihre TV – Zeitschrift auf.
Ich hab mir mal die Mühe gemacht und
gezählt wie viele TV – Sender dat jetzt gibt.
55 Stück!
Können `se sich dat vorstellen? 55 Stück?
Jetzt wollt ich aber auch wissen wo die
bloß alle herkommen. Mein Manfred wusste dat auch nich. Ich also zu Elektro Hinzen und hab da mal nachgefragt. Aber die
haben auch nur mit den Schultern ge-
zuckt, die wussten dat auch nich. Und so
wat nenn sich nun Fachgeschäft. Aber die
Unterschiede, dat hat mir der olle Hinzen
erklärt. Mir schwirrt jetzt noch der Kopp
von den vielen Auskünften. Jetzt weiß ich
aber wodurch sich die Sendeanstalten unterscheiden.
Da gibt dat die Öffentlich Rechtlichen
Programme, dat sind so Sender wie ARD
und ZDF, und alle Dritten.
Dat sind die Seriösen, sacht der Hinzen.
Dann kommen die Privat Sender wie SAT1,
alle RTL Programme, PRO7 und so weiter.
Und dann gibt dat noch dat Bezahlfernsehen. Pay TV nennen die dat. Unsere Premiere Sender sind auch Bezahlfernsehen.
Oder auch dat neue Kabelfernsehen. Dat is

wohl so ähnlich wie Premiere, aber dat hab ich wieder nich so wirklich verstanden. Dann kannste noch digital gucken. Wat is dat denn nun schon wieder? Und seit Neuesten kannste sogar übern Computer sehen, alles wat du willst. Dat kommt für uns aber nich in Frage, und `nen Computer haben wir sowieso nich. Der Karim von nebenan, der hat so wat. Der macht alles per PC. Auch fernsehen, darum sieht der auch immer so blass um die Näse aus. Ich glaub gesund is dat mit dem PC nich. Aber der Karim hat gemeint ohne Internet geht heute gar nix mehr. Soll der Jung mal meinen, wir kommen ohne den technischen Schnickschnack ganz gut aus.

Und nich zu vergessen, dat Satellitenfernsehen. Dat is ganz wichtig inne heutige Zeit, sacht der Hinzen vom Elektro Laden.

Kann ja sein, aber wat du da wieder alles brauchst. Erst `ne Schüssel auf dat Hausdach, dann so `n Teil wo ich noch nie wat von gehört hab. Decoder oder so. Der Manni wusste auch nich wat dat sein soll.

Und wenn dat alles hast, dann kannste Sender aus `se ganze Welt empfangen. Aus Italien, aus Spanien, aus England, ja sogar aus Arabien. Und wat haste dann davon?

Nix, weile nämlich die Sprache nich verstehst. Dat konnte der olle Hinzen mir nich andrehen, und der hat dat wirklich versucht. Für unsere Ausländischen Mitbürger is dat ja `ne feine Sache. So haben die immer Bezug zur Heimat. Dafür haben wir ja die regionalen Programme, oder auch lokale Sender. So wir hier gibt dat den „Report aus Schaumburg". Dat kannste aber nur digital empfangen. Und dat funktioniert bei uns noch nich. Wollen wir auch nich, denn dafür musste wieder extra bezahlen. Und wat in Schaumburg so los is bei den Bauern, dat interessiert mich auch nich wirklich. Dann schon lieber WDR 3 und sein Hier und Heute, denn dat hab ich schon als Kind geguckt. Und jetzt wo ich nich mehr in NRW wohn is dat wirklich wichtig für mich geworden. Hier in Schaumburg hängste ja nur tot über `n Zaun. Und mit dem WDR weiß ich immer wat im Pott los is.

Und dat Schlimmste, fand ich, war die Tatsache dat du den Report aus Schaumburg auch noch bezahlen muss. Da kannste ma sehen, so `ne mickerige Gemeinde, aber wie `se den Leuten dat Geld aus der Tasche leiern, dat wissen die selbst in der Einöde.

Ob dat in Bottrop auch schon so `n lokalen Stadtsender gibt?

Dat wär `ne feine Sache. Muss ich doch glatt mal Tante Irmchen fragen, oder besser, ich ruf gleich im Bürgerbüro an. Die werden dat wohl wissen. Für `n lokalen Bottroper Sender würd ich auch wieder auf meinen Spielfilmkanal verzichten. Mal sehen, wat mein Männe davon hält. Bestimmt viel, is la schließlich auch seine Heimat. Und wer weiß wie lange wir nich hier bleiben, jetzt wo die ganzen Firmen hier schließen. Die gehen lieber nach Polen oder Russland, weil die Lohnkosten nich so hoch sind. So `ne Schweinerei. Und die Leute hier im Kreis müssen sehen wo `se bleiben. So war dat mit dem großen Werk hier, die die Aufzüge und Rolltreppen gebaut haben. Alles haben die zugemacht, und die Leute standen auf der Straße. Bin ja mal gespannt wie lange mein Manfred hier noch unbehelligt arbeiten kann.

Ich beeil mich jetzt lieber, viel Zeit hab ich nich mehr und der Manni kommt von Frühschicht nach Hause. Und ich weiß auch schon wie ich dem dat schmackhaft machen kann, dat Bottroper Fernseh. Dazu brauch ich nich viel. Paar Bratkartoffeln grobe Bratwurst und Schweineschmalz mit Majoran.

„Plaaten inne Pann" nennt sich dat Gericht und is die Leibspeise von meinen Göttergatten. Hinter her noch ˋne westfälische Quarkspeise, und mein neues Programm is mir sicher.

Diskussionen

Mann, dat nervt langsam, dat viel Gequat-
sche und Diskutieren im TV – Programm.
Ich kann dat nich mehr sehen, und nich
mehr hören!
Dat zähl ich doch glatt mal auf:

Sonntag	Anne Will Live Talk
Montag	Magdeburger Gespräche
Dienstag	Hab ich nix gefunden
Mittwoch	Quer gefragt und
	Hart aber Fair
Donnerstag	Berlin Mitte
Freitag	Kölner Treff
	NDR Talk Show
	3 nach 9
	Oder
	Riverboat
Samstag	Endlich Ruhepause
Sonntag	Presse Club

Wenigstens am Samstag is mal Ruhe. Da
haben die sich scheinbar alle müde ge-
quasselt, und sind im Wochenende die
heiseren Stimmen zu pflegen.
Erst am Sonntag geht dat wieder los, mit
dem „Presse Club". Früher hieß dat ja

„Internationaler Frühschoppen". Wenn dat der Werner Höfer wüsstc wie dat heute heißt.

Is doch Quatsch mit Soße, Sonntagmittag is immer „Frühschoppenzeit". Entweder vor der Flimmerkiste, oder nach der Kirche inne Kneipe. So war dat immer bei uns. Mein Vatter und mein Opa die haben dat geguckt, vorher waren ´se aber inne Kirche und danach bei Kischkes inne Eckkneipe.

Um zwölf wurde dann der Fernseher angemacht, und um Eins wurde gegessen. Dat hab ich so gut behalten, weil wir Kinder keinen Mucks machen durften, wenn mein Vatter und der Opa den Werner Höfer und seine Gäste belauscht haben. Und heut is dat mit meinen Gatten genau dat selbe.

Ich versteh ja bis heute nix von dem politischen Gequassel, nur dat manchmal die Fetzen fliegen und diee Politiker und Journalisten sich zoffen, dat versteh ich schon. Dann freut sich der Manfred heute genauso wie früher mein Vatter und der Opa.

Mich interessiert dat nich, ich seh lieber den Fernsehgarten mit der Kiwi. Aber seit die dat nich mehr machen darf, kann ich darauf gut verzichten. Und wat der ganze Politikkram soll, kann mir dat mal einer erklären? Als wenn dat wat ändern würde. Ob die sich die Mäuler fransig reden oder nich, die Politiker tun doch sowieso immer dat wat sie wollen. Den Bürger fracht ja keiner mehr. Erst lullen `se dich ein damit `se deine Stimme kriegen für die Wahl, und sind `se dann gewählt, dann lassen `se dat doofe Volk im Regen stehen.

Daran ändert auch nix dat Schöne Lächeln von der Anne Will, oder die harte Tour in Hart aber Fair.

Die Freitagsgespräche im Kölner Treff, dat is meist ganz amüsant.

Und die Leute die dahin kommen sind oft ganz lustig. Aber dat is auch keine politische Gesprächsrunde, dat is mehr zur Unterhaltung und für die Selbstdarstellung der Promis.

Ach, sollen die doch alle machen wat `se wollen, mich quasseln die nich schwindelig.

Das Wetter

Können sie sich noch an die Tagesschau von vor zwanzig Jahren erinnern?

Da las noch der Karl – Heinz Köpke die Nachrichten. Dat war der Mann mit den schönen Händen. Ob die Hände wirklich so schön waren, dat weiß ich nich mehr. Aber wat ich nich genau weiß, wie damals die Deutsche Wetterkarte ausgesehen hat. Zum Schluss von `ne Wetterkarte kam immer so `n ganz bestimmtes Bild, und da war genau zu sehen wo Bonn is und wo West – Berlin. Daran konnte man sich ungefähr orientieren. Aber dat war ja vor dem Mauerfall.

Jedenfalls wusste man immer wo, wat für Wetter is.

Heut is dat nich mehr so einfach. Die zeigen so viele Bilder und Karten aus verschiedenen Ländern, dat du gar mich mehr weißt wo du eigentlich bist. Dazu die vielen Satellitenkarten. Blicken sie da noch durch? Also, ich nich.

Bottrop oder dat Schaumburger Land kannste darauf nich ausmachen. Wetterkarte kommt mir heute vor wie `n Quiz. Schön bunt und unterhaltsam, aber wenig informativ. Hoch und Tiefs gab dat früher auch schon, aber die waren irgendwie anders. Wenn dat damals hieß „Hoch Erika bringt insgesamt viel Sonne und Temperaturen um 26 Grad", dann stimmte dat auch.

Heute geht dat so:

„Hoch Erika kommt von Nordost und nur mäßig voran, weil Tief Torben mit Frischluftzufuhr aus Südwest behindert. Hoch Erika wird dadurch regional abgeschwächt und bringt nur 26 Grad und lokalem Sonnenschein. Zeitweise Bewölkung im Mittelwesten und insgesamt für die Jahreszeit zu warm und zu feucht. Gebietsweise kleine Vorsommerschauer am Alpenrand möglich".

Dat passiert alles mit dem Wetter in Deutschland, und auf dem Weg nach Deutschland. Oder sonst wo in Europa.

Dat will ich alles gar nich wissen, ich will nur dat mir einer sacht, wie morgen dat Wetter wird. Muss ich ´n Schirm mitnehmen, oder brauch ich Sonnencreme?

Und wat wird nun morgen? Gibt dat Gewitter, Sturm oder unerträglich heiß? Darauf gibt dat keine Antwort mehr. Wohl aber ob die Temperaturen im Jahresmittel im Mittelmeerraum zu hoch oder zu niedrig sind. Und wat haben wir damit zu tun? Wohn ich an der Adria oder auf Mallorca? Nee. Ich leb im Schaumburger Land. Dat grenzt an OWL und liegt in Niedersachsen. Und wie viel Liter Wasser vom Himmel fällt inne Sekunde will auch keiner wissen. Es sei denn dat is mal wieder so `n Jahrhunderthochwasser unterwegs wie 2002. Aber dat konnten die zweibeinigen Wetterfrösche nich präzise sagen.

Dat gab dat alles zu Köpkes Zeiten noch nich, da war die Wetterkarte kurz und knapp, dafür aber genauer. Der nette Herr Kachelmann is ja wirklich sympathisch, und all seine Kollegen auch, aber verstehen tut dem sein Fachchinesisch keiner mehr. Früher war dar einfacher. Da gab dat nur die eine Karte, und zum Schluss die Windrichtung mit lautem Bibbbibbib.

Jetzt machen die aus allem `ne Schau, sogar vom Wetter.

Dat kann der Manni nun alleine gucken, und der behauptet doch allen Ernstes dat der dat versteht.

„Die Großwetterlage is nun mal kompliziert" hat der doch jüngst zu mir gesacht.

Na, der muss dat ja mal wieder wisse, wo der Manfred schon so weit gereist is. Genauso weit wie ich. Von Bottrop in dat

Schaumburger Land, und einmal bis nach München.

Darum hab ich mir wieder dat alt bewährte Wetterhäuschen gekauft.

Kommt die Frau raus, wird dat schön. Is der Mann draußen, dann is dat Wetter schlecht. Und sind `se beide nich zusehen, dann gießt dann in Strömen.

Dat funktioniert immer, und dat nenn ich `ne Wettervorhersage.

DSDS
Deutschland sucht den Superstar

Wissen `se noch wat im Herbst 2002 über uns gekommen is?
Da gab dat die erste Staffel von DSDS – Deutschland sucht den Superstar. Dat fing im Oktober an und dauerte den ganzen Winter lang. Überall wo du hingekommen bist, von nix anderem wurde mehr geredet. Beim Frisör, beim Bäcker, sogar im EKZ.
Also musste ich dat doch gucken, um überhaupt noch mitreden zu können. Aber so richtig zu geschaut hab ich erst als dat mit den Motto Shows los ging.
Bloß gut dat dat immer am Samstagabend kommt, und dann auch noch im Winter. Da hab ich nämlich zweimal im Monat meine Ruhe und kann ungestört zusehen. Der Manfred spielt dann mit seine Kumpels Doppelkopp, den ganzen Herbst und Winter durch. Und einmal im Monat sind die dann beim Hannes zum Karten kloppen, und einmal bei uns. Dann gehen die Herren nach oben in dat Katzenzimmer, damit `se ihre Ruhe vor mir haben. Dat ich nich lach. Ich bin froh dat ich meine Ruhe vor denen hab, und in aller Seelenruhe dat DSDS gucken kann.

Dat find ich prima, denn dann erspar ich mir die Kommentare von meinem Männe. Der kann den Dieter Bohlen ja immer noch nicht leiden.

Bald is dat ja wieder soweit. Im Januar 2009 beginnt die neue Staffel, und wat freu ich mich da schon drauf. Ich seh dat wirklich gern, und anrufen tu ich auch immer. Ich will ja dat mein Lieblingsbewerber gewinnt. Trotzdem frach ich mich manchmal ob mein Gatte nich doch recht hat. Der behauptet nämlich, die Bewerber wollen nich Sänger werden, sondern Millionäre. Wenn dat stimmt, dann sind die aber inne falsche Sendung. Hat denen dat schon mal einer gesacht?

Vielleicht nimmt der Eine oder Andere dann lieber bei WWM teil, da kannste mit Glück wirklich 'ne Million gewinnen. Aber so ganz kann dat auch nich stimmen, wat der Manni behauptet.

Überlegen 'se mal wer von den früheren Gewinner wirklich reich und berühmt geworden is.

Wissen sie noch wer Ellie war? Oder der Martin soundso? Wer ja Karriere gemacht hat, dat war ja der nette Italiener. Und der hat dat Ding nich mal gewonnen. Aber der kann ja auch wirklich wat, Der singt gut und Instrumente spielen kann der auch.

Und dann der Mark Medlock. Erst soviel Erfolg, und dann? Auf einmal is da Funkstille, wieso denn dat denn? Im Moment hörste und siehste nix mehr von dem. Eigentlich Schade, irgendwie war der zwar total verrückt, aber auf 'ne nette Art und Weise. Mit dem letzen Gewinner muss ich einfach halten. Mann wat hab ich telefoniert. Als die Telefonrechnung kam, is mir schlecht geworden. Aber wat soll dat, bleibt fast inne Familie. Schließlich is der Jung aus Recklinghausen, und wir aus sind alle aus dem Ruhrpott.

Aber im Grunde hatte niemand so wirklich wat von der Sendung. Mit Ausnahme von dem Sender und der Telefongesellschaft. Die beiden verdienen sich schwindelig. Die verdienen damit richtig Geld.

Aber spannend und unterhaltsam is dat ja wirklich. Und gewinnen kannste da auch immer wat, meistens 'n Auto. Und dat könnt ich wirklich gut gebrauchen, damit ich endlich hier mal aus dem Kaff fortkomm. Aber bis jetzt hat dat ja leider nicht geklappt.

Wat mich an der Sendung stört, dat is dat ich zu der Zeit immer die Telefonrechnung verstecken muss. Auf der Rechnung steht nämlich, wann wo angerufen wurde. Und dat darf mein Gatte nich sehen, dann gibt dat wieder Radau. Dat macht den Manfred richtig panisch und sauer.

Der Manfred meint nämlich, dat is Bauernfängerei, und gewinnen tun nur Andere.

Die wollen gar nich dat der Zuschauer wat gewinnt, nee, die wollen nur an den Zaster von denen die vor `m TV – Gerät.

So sieht der Manni dat, drum darf der auch nie nich die Telefonrechnung inne Finger kriegen. Den Zoff möchte ich nich haben.

Dabei, beim Karten kloppen spielen die ja auch um Geld, und nich um Knöppe.

Jetzt heißt dat erst mal abwarten, wat uns dieses Mal wieder bei DSDS erwartet. Bis der neue Sieger feststeht ist dat Frühling. Und vielleicht macht der Neue endlich mal wat Großes draus. Und dat dauerhaft.

Manchmal frag ich mich auch, wie die Künstler wohl privat so sind. Aber dat is wohl nich anders wie unsere Combo hier aus der Nachbarschaft.

Die kommen jedes Jahr groß raus, wenn hier auf `de Dörfer alljährlich der Kohlkönig gewählt wird. Dat stimmt. Dat machen die hier jedes Jahr. Jedes Dorf hat hier einen eigenen Kohlkönig.

Und während dieser Zeit zieht die Combo von Dorf zu Dorf, und von Fest zu Fest. Die Combo kennt hier jedes Kind. Und richtig gute Musik machen die auch.

Als ich dat letzte Mal in Bottrop war, da hab ich dat erzählt, dat hier Kohlkönige gewählt werde, Mann, wat haben die aus Bottropskie gelacht. Die konnten dat gar nich glauben.

Wie ich dat dat erste Mal gehört hab, dat hier Kohlkönige gewählt werden, da hab ich bloß gesacht, warum nich? Wenn dat so wat wie DSDS geben kann, warum nich Kohlkönigswahl? Und die Könige sind bestimmt billiger. Da musste nur `n Stimmzettel abgeben, und der is noch umsonst. Dann schreibste deinen Favoriten auf ´n Zettel und gibst dat in die Trommel. Der mit den meisten Stimmen wird dann der neue König. Dat is wesentlich billiger wie telefonieren. Und gewinnen kannste mit den Zettel auch wat. Und die haben schöne Preise inne Tombola. Meist kommt dann vonne Werbegemeinschaft, aber egal.

Vielleicht wär dat ja mal `ne Idee für dat Fernsehen? Kohlkönige wählen? Und dat in ganz großem Stil. Denn dat gibt genauso

viel verschiedene Kohlsorten wie dat verschieden Musik gibt.

Statt Beat und Soul dann eben Grünkohl
und Weißkohl. Und statt Rock und Jazz,
entscheidet sich dat zwischen Spitzkohl
und Wirsing.

Ob ich mich mal bei Fernseh melde und
denen dat vorschlage?

Wenn dat DSDS dann nich mehr läuft
dann gibt dat Ersatz weise KKSW - Kohl-
königssuperwahl!

Und im Grunde is DSDS doch auch immer
der gleiche Kohl.

Fame Academy

Also, die Sendung hab ich nur einmal gesehen, und dat hat mir gereicht. Außerdem is dat schon `ne ganze Weile her. Die Sendung gibt dat gar nich mehr, wat `n Glück.
Auf RTL2 kam dat, und schon der Titel:
Fame Academy.
Da musste ich mal wieder den Karim fragen, wat dat heißt. Da war ich vielleicht platt. Dat dat jetzt auch schon `ne Schule gibt damit man berühmt wird, dat war mir neu. Normaler Weise guck ich dat RTL2 aber auch nich, dat war so `n Notfall, weil auf die anderen Kanäle nix vernünftiges gezeigt wurde.
Aber an dem Tach blieb mir ja nix anderes über.
Wenn auf die anderen Kanäle noch mehr Unsinn kommt, dann wählst du doch auch dat kleinere Übel, oder?
Bei dieser Show waren dat alles junge Leute, die an diese Schule gehen mussten. Wieso die dat gemacht haben, dat is mir bis heute noch nich klar. Irgendwann hab ich aufgehört zu denken.
Jedenfalls sollten die alle tanzen und singen lernen. Fame Academy hieß die Schulstätte. Obwohl, so wirklich nach Schule

sah dat ja nich aus, mehr nach 'nem Internat. Die Jungs und Mädels haben da nämlich auch gewohnt. Dat war fast wie inne Villa von DSDS, nur nich so pompös.

Dat weiß ich deswegen, weil die jungen Leute oft inne Küche gesessen haben und haben sich unterhalten. Irgendwie war dat 'ne Mischung aus DSDS, Big Brother House und Dat Supertalent.

Und Zoff hatten die inne Küche, nee, dat ewige rummeckern dat war mir einfach zu viel. Meistens ging dat auch nur darum wer sich schlecht und ungerecht behandelt fühlte, oder dat der Eine auf den Anderen sauer war, weil der Lehrer wat gesacht hatte.

Und neidisch waren die aufeinander, dat glauben 'se nich. Na egal, dat is ja nich mein Bier gewesen. Jedenfalls mussten die ganz schön ran. Da war nix mit Schlendrian. Wer nich wollte oder konnte, der flog kurzerhand raus aus dem Projekt.

Ohne wenn und aber.

Irgendwie hat mich die Show an meine Jugendzeit erinnert. Da gab dat mal so 'n Film, und dat Motto war dat selbe.

„Fame" hieß dat Movie, und dat hab ich mir im Kino, inne Lichtburg in Bottrop angeguckt. Dat weiß ich noch wie heute.

Da war ich aber auch noch nich verheiratet, und dat Kino war ganz in meine Nähe. Heut is dat ja alles anders. Mit mein Göttergatten war ich noch nie im Kino, auch nich zu Bottroper Zeiten.

„Dat Pantoffelkino reicht", sacht der Manni immer. Eigentlich hat der Manni ja recht. Zu Hause is dat ja viel bequemer und kuscheliger. Da kannste ganz gemütlich im Sessel sitzen, dich rumfletzen, und muss nich auf harte Stühle Stunden stille sitzen. Also verlang ich gar nich mehr nach 'nem Kinobesuch.

Wat soll ich machen, muss ich mir so wat im TV ansehen, notfalls auch auf RTL2, denn im Kino war ich schon 20 Jahre nich mehr. So alt is der Film nämlich schon, mindestens. Da stell ich mir doch die Frage, haben die bei RTL2 so wenig Geld dat die so olle Kamellen aufwärmen müssen?

Kann da nich mal die große Schwester aushelfen, damit dat Programm bei RTL2 endlich besser wird? Jetzt war die Show doch nur noch 'n ollen Zopp. Und zu kompliziert war mir dat auch. Dat waren einfach zu viele Leute die berühmt werden wollten. Darum hab ich dann entschieden, dat guck ich nie wieder.

Ich guck weiter DSDS, da blick ich durch und Beständigkeit hat dat Format auch.

Und will ich wirklich mal gute Tänzer sehen, dann such mir auf meinen Spielfilmkanal `n schönen, alten Film mit Marika Röck oder Fred Astair raus.

Dat war noch Qualität.

Is denn nix mehr heilig?

Also, dat hier dat is `n ganz anderes Kapitel. Ärgern sie sich manchmal auch so über dat TV – Programm? Ich hab mich vielleicht geärgert, über die bekannteste Talkshow die wir im Moment wohl haben, in dat Deutsche Fernsehen.

Die kommt ja fast dat ganze Jahr hindurch und dat tächlich.

Aber ab und zu, da treiben die dat einfach auf die Spitze. Ständig bequatschen die nun die neuen Bücher von den Promis. Und wer da aufmal alles schreiben kann, dat fass ich nich. Da kommt man aus `em Staunen nich mehr raus.

Mein Männe guckt dat schon gar nich mehr, der sacht, dat is keine Talkshow mehr, sondern dat reinste Buchverkaufsprogramm. Da prasseln die Bücher und Schriftsteller nur so auf uns nieder, dat dat nur so kracht.

Und alle haben `se wat interessantes zu vermelden. Glauben die.

Ich mein dat ja nich, drum bin ich auch so sauer.

Wat juckt mich dat denn, ob eine von unsere Sportskanonen Eheprobleme hat?

Oder Einer auf seine Kindheit verzichten musste, wegen dem häufigen trainieren?

Hat ihn ja keiner dazu gezwungen diese oder jene Sportart auszuüben, oder?

Und nu bejammert der sich selbst. Und wat is mit dem vielen Geld dat der damit verdient hat? Darüber jammert der nich, dat find der ganz normal. Oder wat gehen mich dem seine Liebschaften an, seine Ehescheidung und seit neuestem die Ex - Verlobte? Bin mal gespannt wann nun wieder ´n neues Buch auftaucht, schließlich is ja wieder mal wat spannendes passiert, in dem sein Leben.

Warum brauchen wir die Bücher eigentlich, im Grunde wissen wir doch sowieso immer alles über die Promis. Steht immer inne Magazine die beim Frisör rumliegen.

In letzter Zeit hat dat ja Oberhand gewonnen, dat Bücher schreiben und dat festhalten von den Memoiren.

Ich frach mich nur, wer kauft dat? Ich bestimmt nich. Dat hab ich nur einmal riskiert, und wat dem Buch passiert is dat wissen wir ja.

Dat sind die Einen die uns mit ihren Schreibergüssen über ihr Leben nerven. Die Anderen sind die, die aufmal alle kochen können.

Dat nehm ich denen genauso wenig ab, wie ihre Literarischen Talente.

Und wat dat alles für Kochbücher gibt. Mal mit mal ohne Blubb, oder speziell für Weihnachten und Ostern.

Und neu sind die Rezepte auch nich. Einige von den Kochbüchern hab ich mir gekauft, und wat soll ich ihnen sagen?

Die sind fast wie die handgeschriebenen Rezepte von meiner Oma und Uroma. Nur deren Gerichte haben noch geschmeckt.

Dat Kochen, dat soll 'n die lieber den Profis überlassen.

Da gibt dat genug von im Fernsehen, und die können dat wenigstens.

Den neumodischen Kram mit TK – Kost und schnell inne Mikrowelle geht in meinem Haushalt sowieso nich. Ich hab nämlich keine Mikrowelle, dat kommt mir auch nich in dat Haus. Und mit den Empfehlungen für Garzeiten – und Methoden inne Promi Kochbücher kann ich auch nix anfangen. Wer kann sich denn schon so 'n Induktionsherd leisten? Und dat mit allem Schnickschnack? Ich bin schon froh dat ich 'n Cerankochfeld und 'n Backofen mit Heißluft habe. Und dat war dem Manfred schon zu modern, und auch zu teuer.

Wat hab ich mit Engelszungen auf den einreden müssen, bis ich dat inne Küche hatte.

Am meisten hab ich mich über die Witwe von dem bekannten Entertainer aufgeregt.

Kaum dat der verschieden war, leider, hat die 'n Buch über ihr Eheleben aus dem Hut gezaubert. Und dat hatte der Mann nich verdient, wo der uns immer so gut unterhalten hat. Als Sänger, als Schauspieler und Tänzer, ja sogar als Showmaster. Der konnte einfach alles. Richtig klasse war der.

Und kaum is der mausetot, da wird der von die eigene Frau durch den Kakao gezogen. Finden sie dat richtig und in Ordnung?

Und der arme Mann konnte sich nich mal mehr wehren, gegen dat wat 'se über ihn gesacht hat.

Dat war mir mit zu wenig Niveau.

Irgendwie kommt mir dat vor, dat Alles und Jedes nur noch dazu da is dat eigene Konto zu füllen. Dat wie is schon egal.

Ich stell mir ernsthaft eine Frage.

Is denn nix mehr heilig?

Die Deutsche Stimme

Können `se sich noch erinnern an „Die Deutsche Stimme"?

Dat is schon `n bisscken her. Und dat kam mal an `m Donnerstagabend im ZDF.

Dat war so wat wie DSDS für Arme. Und im ZDF wurde auch `n Superstar gesucht. Nur hieß dat dann Deutsche Stimme, weil die nur in Deutsch singen durften, und nich in Englisch oder Amerikanisch.

Heimlich hab ich da wieder angerufen und dann die Telefonrechnung versteckt, damit mein Manni nich sieht wat ich wieder gemacht hab.

Dat hätt sonst wieder Radau gegeben bis sich die Balken biegen.

Aber ich konnte damals einfach nich anders. Ich fand den Eddie – Leo so umwerfend. Haben `se dat auch gesehen und vor allem gehört? Der konnte singen, und dat mit ganz viel Schmiss inne Stimme.

Aus ´ner ganz ollen Kamelle hat der richtig wat gemacht.

„Über den Wolken" hat der gesungen, dat is fast schon `n Evergreen von dem Reinhard Mey. Man hat der Eddie – Leo dat gut gemacht.

Obwohl dat schon so lange her is, ich hab dat immer noch im Ohr.

Da hab ich mich wie auf Wolken gefühlt, fast wie damals als wie nach München geflogen sind. Ja, geflogen bin ich auch schon mal. Dat war als dat Patenkind vom Manfred geheiratet hat. Da konnten wir nich mit dem Auto oder der Bahn fahren, weil der Manni sich beim Fußball gucken dat Sprunggelenk gebrochen hatte.

Also sind wir geflogen, von Düsseldorf nach München, hoch über den Wolken.

Aber dat nur am Rande, wegen meine Gefühle beim dem Eddie –Leo sein Lied.

Eins muss man dem ZDF ja lassen, der ihre Bewerber für die Deutsche Stimme konnten wirklich singen und waren alle gut bei Stimme.

Keine schrägen Töne wie bei RTL mit dem Daniel soundso.

So pompös wie bei DSDS war dat im ZDF auch nich, aber dat hat nich gestört.

Sogar der Manni hat dat geguckt, weil da nur Deutsch gesungen wurde. Und wegen der Kiwi, die war nämlich dabei. Nich zum singen, aber als so `ne Art Jury.

Und die Lieder die die vorgetragen haben, die kannte auch fast jedes Kind. Waren alles Gassenhauer, und alle konnten mit-

singen. Schade, dat dat die Sendung nur einmal gegeben hat. Kann dat ZDF dat nich nochmal machen, oder wenigstens wiederholen? Ich möchte so gern den
Eddie- Leo wiedersehen.

Trotzdem frach ich mich ob wir dat wirklich brauchen, neue Deutsche Stimmen.

Wir haben ja schon reichlich davon.

Den Karel Gott, die Gitte, den Tony Marschall und auch den Rudi Schuricke. Und viel, viele mehr.

Sogar für die ganz jungen Leute gibt dat jetzt wat in Deutsch. Der Karim von nebenan der hört immer wat mit `nem Hotel oder so ähnlich. Die singen auch nur auf Deutsch, jedenfalls in Deutschland.

Aber da is noch `n Punkt den ich nich begreif. Wer soll die ganzen neuen Sänger bloß bezahlen?

Die ganze Musik kannste ja nich kaufen dafür reicht dar Geld ja wieder nich. Dat is wie mit den Büchern & Memoiren. Und dat jetzt, wo wir inne Neue Weltwirtschaftskrise schlittern, und sogar die Banken schon bei `m Saat und damit bei `m Steuerzahler betteln müssen.

Ich glaub ich mach dat in Zukunft anders.

Ich kauf nix mehr von den Büchern und der Musik und spar dat Geld lieber, für schlechte Zeiten.

Dat leg ich mir dann unter dat Koppkissen, dann hab ich wat in der Not. Dat hätten die Banken auch besser gemacht. Und der Staat, dat heißt unsere Regierung, soll sich mal `n Vorbild nehmen an uns rechtschaffende Leute. Denn soviel ich weiß, is der Staat dat Volk selber, dat hat mir mein Männe erklärt.

Tut mir leid für die neuen Künstler, ab sofort kann ich die nich mehr unterstützen.

Quiz Zeit

Alles hat seine Zeit. Und zu ganz bestimmten Zeiten will ich durch nix gestört ein. So darf mich wirklich niemand belästigen, auch nich mein Manfred, wenn dat Quiz im Vorabendprogramm inne ARD läuft.

Dat mit dem Quiz is wie `n Grippevirus, alle haben dat und keiner kann wat dagegen tun. Einer infiziert denn anderen, `n richtiger Bazillus is dat geworden.

Also, von Dienstag bis Freitag zwischen 19.25 Uhr und 19.50 Uhr will ich nix anderes hören oder sehen, nur dat Quiz.

Da is dann meine Quiz Zeit, und lernen kann ich dabei auch noch wat.

Die haben aber manchmal auch ulkige Fragen, davon hab ich im Leben noch nix gehört, sie etwa?

Ich staun e immer noch, und vor allem, wer denkt sich die Fragen bloß aus? Wer kommt nur auf so wat? Wird mir sicher `n ewiges Rätsel bleiben.

Ob der Ouizmeister sich dat alles selbst ausdenkt, oder ob der dat wirklich alles weiß? Dann muss der aber richtig schlau sein. Aber ich glaub der nette Blonde hat auch studiert. Bildung macht doch eben wat her. Aber manchmal wissen der Quizmeister und seine Rater auch nich richtigen Antworten. Dat beruhigt mich dann immer wieder, und ich denk: „Lore, so dämlich biste doch nich, soll der Manni sagen wat er will".

Bei so `nem Casting für dat Quiz war ich ja schon mal dabei. Dat war `ne Sache.

Einfach beworben hab ich mich da, der Karim von nebenan der hat mir dabei aus sein Computer geholfen. Da musste man nur `n paar Fragen beantworten, und dann ging die Bewerbung per Email an dat Quiz.

Hat nich lang gedauert und da kam mit der Post auch `ne Einladung. Da war ich baff. Ich hätt ja nich gedacht dat dat tatsächlich klappen kann.

Kommt also die Einladung, und da stand drin ich soll `ne zweite Person zum raten mitbringen, und mit der dann nach Braunschweig in so `n Hotel kommen.

Und dat wir dann da mitmachen können, beim raten. Dat war dann die Vorauswahl für die Show im TV.

Vorher bin ich aber noch inne Stadt Hannover und hab mir `n neues Kleid gekauft. Und extra zum Frisör bin ich gegangen. Hat mir aber alles nix genutzt. War `n ganz schön teures Vergnügen, dat Ratespiel.

Erst ˋn neues Kleid, der Frisör Besuch und dann noch die Fahrkarte für die Bahn. Der Manni wollte nämlich partout nich mit, und hat sich geweigert mich dahin zu fahren. Und ich wusste nich wer die zweite Person sein sollte. Auch meine Nachbarin wollt nich mitmachen. Zuletzt bin ich dann mit dem Fischhändler hier im Ort losgegangen. Dat war ˋn kapitaler Fehler.

Dat Dilemma ging schon im Hotel mit die ersten Fragebögen los. Bevor man vor die Kamera dar, so zur Probe, musste so komische Bögen ausfüllen. Da musste dann sagen wat dein Lieblingsfilm, oder Lieblingsbuch is, wat du für Musil hörst, oder auch wat deine Lieblingsoper is. Vorher aber, da pappen die die so ˋne Nummer auf die Brust, damit ˋse dich und deine Bögen auch wiederfinden.

Nachdem die Nummer und die Fragebögen verteilt sind, alle Mann ab in einen Raum. Da sitzen alle wie die Hühner auf ´ne Leiter. Dat schlimmste war ja, da musste ich doch tatsächlich aufstehen sagen wie ich heiß, wo ich herkomm und wat ich so den ganzen Tach über mach. Wat hat dat dann mit dem Raten zu tun? Eigentlich nix.

Und dann die dusseligen Fragebögen. Wat weiß ich denn wat „Fidelio" is?

Der Fischhändler hat gemeint, dat is sicher `n neues PC – Programm. Von wegen, dat is `ne Oper von Beethoven, aber dat hab ich erst hinterher erfahren. Weiter wollten die doch wissen ob dat nun Windhose oder Windrose heißt. Bin ich der Kachelmann? Oder dat Männecken vor mein Wetterhäuscken? So wat haben die mich nich mal inne Schule gefracht.

Man standen wir dumm da, der Fischhändler und ich. Der gute Mann kennt sich vielleicht mit Fischen aus, aber nich mit Büchern oder Filmen. Da schreibt der doch als sein Lieblingsfilm auf „Die Brücke am Kwei". Heißt der Film so überhaupt? Und sein Lieblingsgedicht is „Knecht Rupprecht – von draußen vom Walde komm ich her".

Da hab ich im Wald gestanden, vor lauter Staunen. Mir is ja wenigstens noch „Pretty Woman" und „Das Ährenfeld" eingefallen. Dat war nämlich inne Schulzeit mein Lieblingsgedicht, und dat kann ich heute noch auswendig.

Und wissen `se wat der als sein Lieblingsbuch eingetragen hat? „Dat Kapital", von Marx. Dat Buch kenn, dat hat mein Gatte nämlich auch.

Kein Wunder also dat wir schon bei der ersten Runde rausgeflogen sind. Mit dem Ratepartner hatte ich sowieso keine Schnitte.

Nach den Fragebögen war dat nämlich aus für uns, und vor die Kamera zur Probe durften wir dann nich mehr.

Dat war `ne Pleite. Außer Spesen nix gewesen, und den Quizmeister hab ich auch nich zusehen bekommen. Dat hat mich am meisten geärgert, wo ich doch so gern `n Autogramm von dem gehabt hätt.

Da hab ich soviel Zeit und Geld in dat Casting reingebuttert, und alles für die Katz.

Für dat viele Geld hätt ich mir bequem `n Zweitgerät kaufen können.

Aber hinterher biste ja immer schlauer.

Aber ich seh dat ja positiv.

Ich bin `ne Erfahrung reicher, den Fischhändler meid ich lieber, und inne Nachbarschaft bin ich die Einzige die mal zu `nem Casting eingeladen war.

Und dat is ja auch schon wat, oder?

KIKA – Kinderkanal

Als ich den KIKA – Kanal gefunden hab, da war ich richtig glücklich. Erst mal. Dat war mal wieder so `n Tach, wo dat im TV nur Reportagen und Nachrichten gab. War gar nich unterhaltsam, und zu viel kannste davon nich sehen, sonst wird man depressiv. Bei dem Elend inne Welt is dat ja auch kein Wunder. Drum such ich manchmal nach neuen Sendern, und dabei hab ich den KIKA gefunden.

Ich war vielleicht baff. Eigener Sender nur für Kinder, dat gab dat zu meiner Kinderzeit noch nicht. Ich hab mich auch so gefreut, weil ich gehofft hatte, dat ich mir durch KIKA `n Stück von meine eigene Kindheit wieder holen kann. Also hab ich den Sender fest programmiert.

Und auf wat ich mich alles gefreut hab.

Auf so schöne Sachen wie „Tommi Tulpe" oder „Manni, der Libero" auf „Flipper – gleich wir der kommen", und auf „Black Beauty". Am meisten hatte ich mich aber auf den Hasen Cäsar und sein „ Bitte Schööön" gefreut. Und wat war – nix von alle dem.

Nich mal dat „Urmel aus dem Eis" haben die gebracht.

Dafür aber so merkwürdige Sachen wie „Bernd dat Brot" oder die „ Teletabbies".
Wat is dat denn für `n Quatsch?
Haben sie schon mal `n Brot gesehen dat sprechen und laufen kann? Ich nich.
Und ich hab mich gefracht, wat bringen die den Kindern da bloß bei. Brot is schließlich zum Essen, und nich zum Spielen. Dat kommt noch soweit, dat die Kinder Angst haben in ihre Schulbrote zu beißen. So leid mir dat für gewöhnlich tut dat wir keine Kinder haben, aber in solche Momente bin ich richtig froh darüber. Dat könnt ich gar nich verantworten. Wenn mich dat schon verwirrt, wie wirkt dat Brot dann auf unsere Kleinsten?
Da denk ich besser nich drüber nach.
Ganz schlimm fand ich ja die „Teletabbies".
Zu verstehen sind die Gestalten mit ihrem Gebrabbel überhaupt nich, und dann die Namen von denen!
Tinki Winki, Dipsi, LaaLaa und Po!
Wer hat sich dat nur wieder einfallen lassen. Sogar meine Katzen sind laut fauchend und vor Schreck aus ihrem Ohrensessel abgehauen, als diese Gestalten auf der Mattscheibe aufgetaucht sind. Und dat will wat heißen! Den ganzen Tach waren

meine Pussies verschollen, nich mal fressen wollten die mehr.

Von all den Sendungen im KIKA – Kinderkanal hat mir der „Kleine rote Traktor" am besten gefallen. Und den Traktorfahrer, den Jan, den konnte ich auch wieder verstehen. Der machte einen ganz normalen Eindruck. Aber der Jan lebt ja auch inne normale Umgebung und nich, wie die Teletabbies, in künstliche Hügel.

Nett waren auch die Schweinchen Peter und Paul. Die sind lustig und machen den ganzen Tach Unfug. Nur der Titel von der Sendung war zweifelhaft für mich. „Au Schwarte" heißt dat, und schon wieder wat zu Essen.

Erst dat Brot und nun die Schwarte, dat is ja fast `ne komplette Mahlzeit. Nimmste dann noch „Emily Erdbeer" dazu, dann haste schon `n vollständiges Menü.

Wat mir noch aufgefallen is, dat waren die vielen Zeichentrickfilme. Dat gab dat früher auch schon, aber irgendwie anders.

Wat is aus „Schweinchen Dick" oder dem „Road Runner" geworden? Leben die noch? Wenn ich dat Kinderprogramm genau betrachte, dann bin ich froh dat ich kein Kind mehr bin.

Is dat nich furchtbar wat die Kinder von heute über sich ergehen lassen müssen?

Jetzt wundert mich nich mehr dat unsere Nachbarskinder immer so komisch drauf sind, und so blass um die Näse.

Die können Essen von Spielen nich unterscheiden, und Echt nich mehr von Unecht.

Wat für `n Glück dat ich nur Katzen hab.

Die wissen wenigstens noch in wat für `ne Welt sie leben und wofür dat Fressen da is.

Der Löwe ist los

Wo wir beim Kinderprogramm sind, bleiben wir noch `n bisscken dabei. Ich vermiss die „Augsburger Puppenkiste" immer noch. Schade dat dat die nich mehr gibt. Die Marionetten haben uns Kinder stets gut unterhalten. Ich glaub, damals wurde mein Grundstock für mein vieles Fernsehen gelegt. Auf die Geschichten mit den Puppen war ich gerade zu versessen.

Bin ich heute auch noch, wenn ich ehrlich bin.

Wat war dat damals schön. Immer im Advent gab dat `n neues Puppenspiel.

Angefangen hat dat mit „Der Löwe is Los" und „Gut gebrüllt Löwe". Dat werd ich nie vergessen. Oder den „Gestiefelten Kater", dat waren die Abenteuer von dem Kater Miekesch, darum heißt mein Kater ja heute so. Sozusagen zur Erinnerung an die Puppenkiste. Dumm nur, dat der nich an Fäden hängt und seinen eigenen Kopp hat. Oder auch „Die Katze mit Hut", oder der „Jim Knopf und seine Lokomotive". Dat Beste war aber der „Kleine König Kallewirsch". Mein erster Freund der hieß auch so, Kalle nämlich. Drum hab ich immer

Kallewirsch zu dem gesacht. Dat fand der aber gar nich gut.

Warum zeigen die dat den Kindern heut nich mehr? Hab ich den Karim gefracht ob er die Figuren kennt. Nee, hat der da gesacht, die kenn ich nich, aber die Sims.

Wat is dat dann schon wieder? Sims? Hat dat wat ´nem Kaminsims zu tun? Hab ich noch nie gehört. Sind dat auch Puppen?

Ja, hat der Karim da gesacht, nur auf modern.

Ich glaub ich wird doch langsam alt, deswegen lösch in den KIKA Kinderkanal auch wieder.

Die Kinder von heute leben in ´ne andere Welt.

Irgendwie sind dat auch nur noch Marionetten.

Sportskanonen

Kennen sie auch dat Lied von dem netten Österreicher, ich mein den der so lange „Herzblatt" moderiert hat.

Dat Lied hieß „Es lebe der Sport", glaube ich.

Is ja schade dat der Österreicher jetzt nich mehr im TV zu sehen is, der hat mir so gut gefallen.

Kann ich mich noch genau daran erinnern, und auch an den sein Lied. Und in dem Lied da singt der immer wat von hoart. Meint der damit vielleicht hart? Egal wie, sacht der Manni, der Sport lebt wirklich, aber dat der auch vom Zusehen fit macht, dat glaub ich dem Manni nich.

Und hart macht dat meinen Männe auch nich, so wie der immer jammert wenn er mal drei Tage Schnuppen hat. Da könnt man meinen dem sein letztes Stündlein hätt geschlagen. Sport als Fitness – oder Härtungsprogramm? Aber nich bei meinem Gatten. Hab ich dem auch schon gesacht, und wat hab ich zur Antwort gekriegt?

„Dat kann bei mir auch nich sein, schließlich bin ich aktiver Fernsehsportler". Mit aktiv meint der wohl dat Bierpullen stemmen beim Fußball. Andres kann ich mir dat nich erklären. Ha, dat ich nich lach.

Mein Manfred und Sport. <der sitzt lieber in sein Ohrensessel mit elektrische Arm – und Fußstützen und guckt zu wenn sich andere abrackern. Manchmal mach ich dat auch, den Sportlern zusehen, aber nich weil ich zu faul bin, sondern weil ich dat nich kann. Oder können sie `n doppelten Rittberger, oder `n Salto rückwärts? Dat ganze noch vierfach und auf Kufen? Nee, dat is mir zu riskant. Aber wie mein Manni dat geschafft hat sich während der Fußball WM 2006 dat Sprunggelenk zu brechen, dat is mir schleierhaft. Da sitzt der Mann doch in sein Ohrensessel inne gute Stube, alle seine Kumpels dabei, und bricht sich die Haxen durch zusehen. Dat schafft sonst wirklich kein anderer.

Wat nich schön is, dat is immer zu Neu Jahr dat Schanzenspringen. Dat kitzelt mir zu viel an `ne Nerven. Hab mich schon oft gefracht, ob die nur mutiger sind als gewöhnliche Leute, oder sind die Lebensmüde? Sind die noch bei Verstand wenn `se sich in die Tiefe stürzen? Ich würd mich dat auf keinen Fall trauen, aber ich bin ja auch gerne am Leben.

Mir graut ja schon wieder vor der nächsten Fußball WM, dat wird wieder so `n Fiasko.

Oder die nächsten Olympischen Spiele. Mal sehen wat mich bei Veranstaltungen wieder zu Hause erwartet. Dann läuft mein Manfred nämlich immer zur sportlichen Höchstform auf. So im letzten Jahr nach den Spielen in China. Wat da passier is?

Da hatte mein Manni mal wieder eine von seinen bekloppten Ideen. Da geht der Mann doch hin und ruft „Karpinskies Olympischen Gartenspiele" aus. Und tut dat auch noch kund inne Nachbarschaft, und bei seine Kumpels.

Wochenlang hatte der damit zu tun seine Spiele vorzubereiten. Erst wurde der Garten aufgebaggert, und dann `n Swimming Pool gebaut. Planschbecken is wohl passender, denn nach vier Kraulzügen biste mit Länge x Breite durch. Dann kamen noch vier Stangen mit zwei Körbe oben dran und zum Schluss `n Klettergerüst an unsere hintere Hauswand.

Die Körbe waren für „Wasser Basketball" und dat Klettergerüst für dat „Free Climbing". Kann der nich einfach turnen sagen? Die Krönung aber war der riesen Sandkasten für den Weitsprung. Als der gebaut wurde, da kamen gleich meine

Nachbarn und haben gefracht ob wir endlich Nachwuchs kriegcn.

„Nee", hab ich da gesacht „ ein Kind im
Haus, dat reicht mir". Die haben vielleicht
aus der Wäsche geguckt. Mir war dat aber
auch zu dumm, und wie soll ich erklären,
warum unser Garten aussieht wie `n Bom-
bentrichter? Dat dat nur für die Männer
gedacht is, dat hätt mir ohnehin keiner
geglaubt. Zum Schluss wurde dat aber `n
wirklich schönes Nachbarschaftsfest. Aber
unsere Spiele haben die Runde durch ganz
Lindenhorsten gemacht, und aufmal war
unser Garten mehr als voll. Keiner vom
Dorf wollt sich dat entgehen lassen.

Und der Höhepunkt an dem Tach, dat war
der Pokal für den Sieger. Ja wirklich, sogar
`n eigenen Pokal hatten wir. Der war aus
massivem Zinn und drauf stand:

**Karpinskies Olympische Gartenspiele
2008**

Da fehlen einem die Worte, auf so wat erst
mal zu kommen.

Gewonnen hat den Pokal natürlich keiner,
wie auch. Weit sind die Kerle nich gekommen, mit ihren sportlichen Aktivitäten.
Nich mal mehr laufen konnten die, schon

gar nich geradeaus. Und aus dem Schwimmwettbewerb wurde auch nix, die Herren haben sich lieber anderswo nass gemacht. Nämlich mit Bier und von innen.

Aber jedes Ding hat zwei Seiten und im Nachhinein hatte dat ganze Chaos noch wat Gutes.

Meine Katzen haben heute ihren eigenen Erlebnispark.

Die Körbe mit den Stangen zum dösen, dat Klettergerüst zum spielen, und dat lieben die ganz besonders. Vom höchsten Punkt können `se in alle Gärten sehen, und wissen sofort wann unerwünschte Katzen kommen.

Und wenn `se meinen Kitten beim spielen und klettern zusehen, dann wissen `se auch wer `ne Sportskanone is.

Und der Swimming Pool? Da füll ich nächsten Sommer Gartenerde rein und mach `n Blumenpark draus. Und dann haben wir wieder alle wat davon.

In solchen Momente bin ich dem TV –Gerät richtig dankbar, denn sonst hätten wir dat alles nie gekriegt.

WDR 3

Der WDR is mir ja dat liebste Programm von allen. Da find ich meist auch immer wat, wat ich gucken möchte.

Am Morgen is dat für mich ja nich so interessant, aber dat is ja auch egal, da hab ich dat Frühstücksfernsehen. Aber am späten Nachmittag oder am Abend, da find ich immer wat zum gucken. Entweder wiederholen die die Tatortfolgen aus dem Ruhrpott, oder zeigen Reportagen und Berichte aus der heimatlichen Region. Dat geht los mit „hier und heute" und dann gibt dat so schöne Sendungen wie West Art, den Kölner Treff, oder dat Beste im Moment dat is „Zimmer frei". Die bringen wirklich gutes Programm, für dat viele Geld wat du mittlerweile für die normalen Programme bezahlen muss. Da können sich die anderen Öffentlich – Rechtlichen Sendeanstalten mal `ne Scheibe von abschneiden. Und vor allem, ich bin ich Niedersachsen ja nur zugereist, und für die Bauern hier fast schon so wat wie `n Ausländer. Wenn ich nich den WDR hätt, dann würd ich hier in Lindenhorsten verrückt werden. Irgendwie kann ich nich so wirklich mit den Niedersachsen. Der Ruhrgebietler is doch mehr Weltoffen und 'ne Frohnatur. Dat sind Charakterzüge, dat fehlt den Niedersachsen ja komplett.

Wieso dat so is, ich weiß nich. Selbst der Manni sacht, wenn er den Erwin nich auf Arbeit hätt, dann würd der da überhaupt keine Freude mehr an seine Arbeit haben.

Und dat heißt wat, wenn der Manni so wat sacht.

Und die Leute die wir hier kennen, alle nich von hier. Nur der Fischhändler, und wat mir dat gebracht hat, dat hab ich ja gesehen.

Heut spricht der nämlich schlecht über mich, dabei hab ich dem doch nur geholfen. Ach, Schwamm drüber, so sind die Leute hier eben.

Und so wat bin ich aus Duisburg oder Bottrop nich gewohnt.

Da kannste immer alles sagen, dann

trinkt man hinterher 'n Kurzen und 'n Bier zusammen, und die Welt is wieder in Ordnung.

Ich glaub ich will nach Hause. Aber bis dat soweit is, dat wird wohl noch 'n bisscken dauern. Jedenfalls hat der Manfred angefangen sich nach 'ne neue Arbeit umzusehen. Ich glaub der will hier auch fort. Soll mir recht sein. Mal sehen wat noch so pas-

siert. Und bis dahin hab ich mein TV –
Gerät mit dem WDR.
In diesem Sinne und vielleicht bis bald

Euro Lore, nebst Gatte

Die Autorin

Alice - Sigrid Spiecker wurde am 17. April 1959 geboren und wuchs zeitweise im Tessin und zeitweise im Ruhrgebiet auf. Heute lebt die Autorin in Norddeutschland.

Der Vater war ein bekannter Schweizer, die Mutter ist Deutsche. Schon in ganz jungen Jahren entdeckte sie ihre Liebe nicht nur zur Musik, sondern auch zu Büchern.

Heute sagt die Autorin:

„Ich war schon als Kind eine Leseratte. War ich nicht mit Schulchor oder später mit unserer Kirchen – und Schülerband unterwegs, dann immer mit einem Buch unter dem Arm. Leider war mein Stiefvater ein Kulturbanause mit wenig Verständnis für meine Ambitionen.

Dennoch, war es eigentlich nur eine Frage der Zeit wann ich beginne zuschreiben. Versuche hat es immer gegeben, aber die Geduld und Disziplin etwas fertig zu stellen hat in jungen Jahren nicht ausgereicht. Es hat lange gedauert bis ich erwachsen wurde, heute bin ich gelassen genug um mich von Rückschlägen nicht aufhalten und entmutigen zu lassen.

Zudem – glaube ich den Worten meiner Mutter, so bin ich die durch und durch Tochter meines leiblichen Vaters und werde ihm mit zunehmendem Alter immer ähnlicher. Sein Hobby war es für eine politische Zeitung Artikel zu verfassen und Wortspielereien waren seine größte Leidenschaft. Offenbar habe ich nicht nur seine Augen und das Lachen von ihm geerbt, sondern auch die Liebe zum geschriebenen Wort."

Zurzeit arbeitet die Autorin an einem neuen Projekt das vermutlich im ersten Halbjahr 2009 fertig gestellt ist.